La salud
y el estado físico

Alimentos
saludables

A. R. Schaefer

Heinemann Library,
Chicago, IL

www.heinemannraintree.com
Visit our website to find out more information about Heinemann-Raintree books.

To order:
☎ Phone 888-454-2279
💻 Visit www.heinemannraintree.com to browse our catalog and order online.

©2011 Heinemann Library
an imprint of Capstone Global Library, LLC
Chicago, Illinois

Edited by Rebecca Rissman and Catherine Veitch
Designed by Kimberly R. Miracle and Betsy Wernert
Picture research by Elizabeth Alexander
Originated by Dot Gradations Ltd.
Printed in China by South China Printing Company Ltd.
Translation into Spanish by DoubleOPublishing Services
14 13 12 11 10
10 9 8 7 6 5 4 3 2 1

Library of Congress Cataloging-in-Publication Data

Schaefer, A. R. (Adam Richard), 1976-
  [Healthy food. Spanish]
  Alimentos saludables / A. R. Schaefer.
     p. cm. -- (La salud y el estado físico)
  Includes index.
  ISBN 978-1-4329-4444-5 (hb) -- ISBN 978-1-4329-4449-0 (pb)
  1. Nutrition--Juvenile literature. 2. Diet--Juvenile literature.
  I. Title.
  TX355.S29518 2010
  613.2--dc22
                         2010003078

Acknowledgments

We would like to thank the following for permission to reproduce photographs: © Capstone Global Library Ltd. p. 12 (Tudor Photography); Alamy p. 16 (© Image Source Pink); Getty Images p. 6 (Altrendo Images); Photolibrary pp. 13 (Age Fotostock/Emilio Ereza), 19 (Rosenfeld), 20 (Foodfolio/ Imagestate), 22 (Image Source), 23 (Banana Stock), 24 (Fresh Food Images/Maximilian Stock Ltd.), 25 (Comstock/Dynamic Graphics), 27 (Mark Bolton/Garden Picture Library), 28 (James Darell/Digital Vision); Rex Features pp. 8 (Image Source), 29 (Deddeda/Design Pics Inc.); Science Photo Library p. 5 (Anthony Cooper); Shutterstock pp. 4 (© Galina Barskaya), 7 (© Elena Talberg), 10 (© debr22pics), 11 (© Geanina Bechea), 14 (© emily2k), 15 & 26 (© Kiselev Andrey Valerevich), 17 (© Monkey Business Images), 18 (© Janet Hastings), 21 (© R. Gino Santa Maria); © USDA Center for Nutrition Policy & Promotion p. 9.

Cover photograph of a girl eating an apple reproduced with permission of PunchStock (Digital Vision).

The publishers would like to thank Nicole Clark for her assistance in the preparation of this book.

Every effort has been made to contact copyright holders of any material reproduced in this book. Any omissions will be rectified in subsequent printings if notice is given to the publisher.

All the Internet addresses (URLs) given in this book were valid at the time of going to press. However, due to the dynamic nature of the Internet, some addresses may have changed, or sites may have changed or ceased to exist since publication. While the author and Publishers regret any inconvenience this may cause readers, no responsibility for any such changes can be accepted by either the author or the Publishers.

Contenido

Alimentos saludables. 4

Comer con regularidad 6

Una dieta balanceada 8

Granos saludables 10

Frutas saludables 12

Verduras saludables 14

Lácteos saludables 16

Proteínas saludables 18

Grasas 20

El agua y otros líquidos. 22

Alimentos no saludables 24

Los alimentos frescos son fantásticos . . .26

Hábitos saludables para toda la vida . .28

Glosario *30*

Aprende más *31*

Índice *32*

Algunas palabras aparecen en negrita, **como éstas**. Puedes averiguar sus significados en el glosario.

Alimentos saludables

A veces se dice que somos lo que comemos. Los alimentos que comes pueden mantenerte sano o enfermarte. Es tu decisión.

Las personas que comen alimentos saludables se sienten bien.

Comer bien es parte de una vida saludable. Todos debemos intentar comer alimentos saludables y seguir una **dieta balanceada**.

Las verduras son un tipo de alimento saludable.

Comer con regularidad

Tu decisión:

¿Crees que es buena idea comer mucho una sola vez al día? ¿O es mejor comer menos varias veces durante el día?

Es importante comer la cantidad correcta de alimentos.

Es mejor comer cantidades pequeñas de comida varias veces al día. Estas comidas le dan al cuerpo la **energía** que necesita durante todo el día.

Un sándwich saludable te dará energía durante horas.

Una dieta balanceada

Todos necesitamos comer una variedad de alimentos para mantenernos sanos. El pan **integral** es un alimento saludable. Pero comer solamente pan no es saludable.

Come alimentos de todos estos grupos alimenticios para mantenerte sano.

Esta pirámide muestra los diferentes grupos de alimentos.

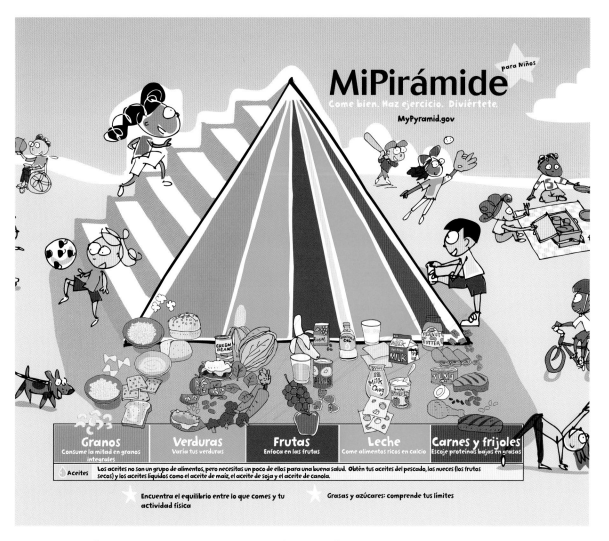

Tu **dieta** consiste en los alimentos que comes cada día. Las **proteínas**, los **granos**, las verduras, las frutas y la leche son importantes para una dieta saludable.

Granos saludables

Tu decisión:

Una dona contiene mucha harina. La harina está hecha de **granos**. ¿Comer una dona es una buena manera de incluir granos en tu **dieta**?

A muchas personas les gustan las donas, ¿pero son saludables?

Las donas no son un alimento muy saludable. Están hechas de granos, pero también con mucha azúcar y **grasa**. Entre los granos saludables están el pan, el arroz y la pasta **integral** y las tortillas de maíz.

Intenta comer granos saludables varias veces al día.

Frutas saludables

Las frutas contienen **vitaminas** que son buenas para tu salud.

La fruta es excelente para tu cuerpo. Las frutas frescas son lo mejor para tu salud. Las frutas frescas no están cocidas y se ven como si las acabaran de cosechar.

Las manzanas, las naranjas, los plátanos, las peras y las bayas saben bien cuando están frescas. Las frutas enlatadas, secas y congeladas también son saludables.

Los alimentos como las golosinas con sabor a fruta, el helado y los pasteles no deben ser parte de una **dieta** saludable diaria.

Verduras saludables

Tu decisión:

Sabes que las verduras son saludables. Puedes comer una ensalada fresca o papas fritas. ¿Cuál opción es mejor?

Las papas fritas son verduras, ¿pero son saludables?

Las verduras frescas son mejores para tu salud que los alimentos **fritos**. Una ensalada con espinaca fresca, lechuga, tomates y otras verduras es muy saludable. Las verduras cocidas, como el maíz, las papas al horno y el brócoli, también son saludables.

Come verduras crudas para obtener más **nutrientes**.

Lácteos saludables

Los lácteos son una parte importante de una buena **dieta**. El yogur y el queso se obtienen de la leche. Estos alimentos ayudan a fortalecer los huesos.

Los productos lácteos como éstos son buenos para los dientes y los huesos.

Estos nachos tienen queso, pero no son una comida muy saludable.

El yogur y la leche son alimentos lácteos saludables. Un poco de queso y mantequilla está bien, pero no debes comerlos en gran cantidad porque contienen mucha **grasa**. El helado es un alimento lácteo, pero tiene demasiada grasa y azúcar, por lo que no es saludable comerlo todos los días.

Proteínas saludables

Tu decisión:

El pollo tiene **proteínas**. ¿Es el pollo **frito** una manera saludable de comer proteínas?

Las carnes, como el pollo, tienen muchas proteínas.

Muchos de los alimentos fritos no son saludables. Comer pequeñas cantidades de carne, pollo y pescado **asados** a la parrilla es mucho más saludable. Las nueces y los frijoles también contienen muchas proteínas saludables.

Las proteínas ayudan a desarrollar los músculos del cuerpo.

Grasas

Las grasas saludables son una parte importante de tu dieta.

Las **grasas** ayudan a que nuestra piel y otros **órganos** se mantengan sanos. Algunas grasas son opciones más saludables que otras. Las grasas saludables provienen de las frutas, las nueces y las verduras, como los aguacates y el maíz.

Intenta reducir la cantidad de alimentos que tienen un alto contenido de **grasa animal**, como las hamburguesas y la carne **frita**. Estos alimentos están llenos de grasas no saludables.

La mayor parte de la comida rápida tiene muchas grasas no saludables.

El agua y otros líquidos

Tu decisión:

Sabemos que necesitamos beber agua para vivir. Los refrescos son mayormente agua. ¿Son los refrescos una buena manera de beber agua?

Evita bebidas con mucha azúcar y sustancias químicas.

Bebe varios vasos de agua al día.

Si bien los refrescos contienen agua, también contienen otros ingredientes que los hacen poco saludables, como azúcar y sustancias químicas. La mejor bebida es el agua natural. Es agradable beber jugo de frutas con las comidas, pero el jugo también contiene mucha azúcar, así que lo mejor es no beber demasiado jugo. **23**

Alimentos no saludables

Tu decisión:

Algunos alimentos, como las hamburguesas y el helado, son malos para nuestra salud. ¿Está bien comerlos de vez en cuando?

No comas demasiados alimentos que contengan mucha azúcar y grasa.

Comer alimentos no saludables, como pasteles, galletas y papitas fritas, no ayuda a que nuestro cuerpo se desarrolle y se mantenga bien. Si comemos alimentos saludables la mayor parte del tiempo, una golosina de vez en cuando está bien y puede ser divertido.

Está bien comer un heladito o un dulce en una ocasión especial, como una fiesta de cumpleaños.

Los alimentos frescos son fantásticos

Lo mejor es comer los alimentos frescos. Las frutas y las verduras frescas contienen más **nutrientes** que los alimentos conservados en paquetes de plástico o en latas.

Además, ¡la fruta fresca se ve muy bien!

Los alimentos mohosos o que huelen mal no son buenos para la salud y pueden enfermarnos. Es buena idea fijarse si el pan y el queso tienen **moho**. Asegúrate de que las frutas y las verduras estén firmes y maduras.

Los alimentos mohosos pueden enfermarte y huelen y se ven poco saludables.

Hábitos saludables para toda la vida

Es más fácil adquirir **hábitos** saludables de alimentación cuando estamos con personas que tienen buenos hábitos. Pide a tu familia y amigos que comiencen a comer alimentos saludables contigo.

Una comida o una merienda siempre sabe mejor si la compartimos.

Los hábitos saludables pueden durar toda la vida.

Nunca es demasiado tarde ni demasiado pronto para comenzar a comer bien. Incluso las personas que durante años no han llevado una vida saludable se sienten mejor cuando comienzan a comer bien. Adquirir buenos hábitos de joven es el comienzo de toda una vida de alimentación saludable.

Glosario

asar cocinar los alimentos poniéndolos cerca de algo caliente

dieta lo que usualmente comes y bebes

dieta balanceada dieta que tiene una mezcla de diferentes alimentos. Incluye proteínas, granos, verduras, frutas y leche.

energía fuerza que necesita el cuerpo para funcionar y mantenerse con vida

frito cocinado en aceite u otra grasa

grano semilla de una planta de cereal, como el trigo o el maíz

grasa aceite que se halla en algunos alimentos

grasa animal parte de un animal que no es un alimento muy saludable para los seres humanos

hábito algo que haces frecuentemente

integral grano, como la avena, el trigo, el maíz o el arroz, que tiene toda o casi toda su fibra y nutrientes naturales

moho tipo de organismo que crece sobre las cosas podridas

nutriente sustancia (como una vitamina o proteína) que necesitan las personas para crecer y mantenerse sanas

órgano parte dentro de tu cuerpo que realiza ciertas tareas

proteína parte de algunos alimentos que ayuda al cuerpo a crecer y mantenerse sano

vitamina parte de algunos alimentos que ayuda al cuerpo a crecer y mantenerse sano

Aprende más

Lectura adicional

Gaff, Jackie. *¿Por qué debo comer de forma saludable?* (*¿Por qué debo…*). Everest Publishing, 2007

Giddens, Sandra. *Making Smart Choices About Food, Nutrition, and Lifestyle.* New York: Rosen Pub., 2008.

Goulding, Sylvia. *Healthy Eating.* Vero Beach, Fla.: Rourke Publishing, 2005.

Gray, Shirley W. *Eating for Good Health.* Chanhassen, Minn.: Child's World, 2004.

Royston, Angela. *¿Por qué necesitamos comer? (Mantente saludable).* Chicago: Heinemann-Raintree Classroom, 2006.

Schaefer, Lola. *Grupos alimenticios.* Chicago: Heinemann Library, 2009.

Sitios web

http://kidshealth.org/kid/stay_healthy/food/pyramid.html
Aprende cómo comer una dieta balanceada con la pirámide alimentaria.

Índice

agua 22, 23
alimentos frescos 12, 13,
   15, 26
alimentos fritos 14, 15, 18,
   19, 21
alimentos integrales 8, 11
alimentos lácteos 16–17
alimentos mohosos 27
alimentos no saludables
   24–25
arroz 11
azúcar 11, 17, 22, 23, 24

carne 18, 19, 21
comidas más pequeñas 6, 7
comidas regulares 6–7

dientes 16
dieta balanceada 5, 8–9

energía 7
ensaladas 15

frijoles 19
frutas y jugos de frutas 9,
   12–13, 20, 23, 26, 27

golosinas 13
granos 8, 9, 10, 11

grasas 11, 17, 20–21, 24
grupos alimenticios 8–9

hábitos saludables 28–29
helado 13, 17, 24, 25
huesos 16

leche 9, 16, 17

músculos 19

nueces 19, 20
nutrientes 15, 26

pan 8, 11, 27
pasta 11
pirámide alimenticia 9
pollo 18, 19
proteína 9, 18–19

queso 16, 17, 27

refrescos 22–23

sándwiches 7

verduras 5, 9, 14–15, 20,
   26, 27
vitaminas 12

yogur 16, 17